Für Mensur Ince

Bibliografische Information der Deutschen Nationalbibliothek: Die Deutsche Nationalbibliothek verzeichnet diese Publikation in der Deutschen Nationalbibliografie; detaillierte bibliografische Daten sind im Internet über dnb.dnb.de abrufbar.

Verlag: BoD · Books on Demand GmbH, In de Tarpen 42, 22848 Norderstedt

Druck: Libri Plureos GmbH, Friedensallee 273, 22763 Hamburg

ISBN: 978-3-7597-1520-3

Inhalt

Vater und Sohn

Vater hat geholfen

Vater und Sohn

Vater hat geholfen

Der Sohn soll eine Geschichte für die Schule schreiben. Aber er kann es nicht. Vater sieht zu und denkt: Mein Sohn braucht Hilfe.

Vater hilft dem Sohn und schreibt die Geschichte. Vater und Sohn sind glücklich.

Der Lehrer liest die Geschichte. Er findet die Geschichte schlecht und und findet viele Fehler. Der Sohn sagt: Mein Vater hat den Text geschrieben.

Der Lehrer bringt den Sohn nach Hause. Er hält seine Hand. In der anderen Hand ist die Geschichte.

Der Lehrer klingelt und Vater macht die Tür auf. Der Vater fragt: Herr Lehrer, warum sind Sie hier?

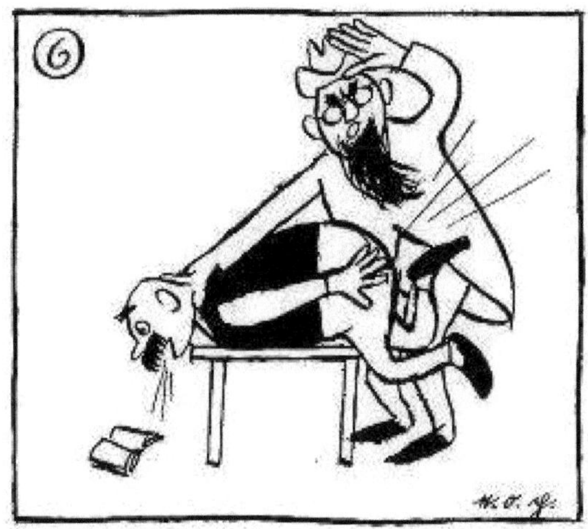

Der Vater muss die Geschichte lesen. Bei jedem Fehler schlägt der Lehrer den Vater.

Vater hat geholfen

Der Sohn soll eine Geschichte für die Schule schreiben. Aber er kann es nicht. Vater sieht zu und denkt: Mein Sohn braucht Hilfe.

Vater hilft dem Sohn und schreibt die Geschichte. Vater und Sohn sind glücklich.

Der Lehrer liest die Geschichte. Er findet die Geschichte schlecht und und findet viele Fehler. Der Sohn sagt: Mein Vater hat den Text geschrieben.

Der Lehrer bringt den Sohn nach Hause. Er hält seine Hand. In der anderen Hand ist die Geschichte.

Der Lehrer klingelt und Vater macht die Tür auf. Der Vater fragt: Herr Lehrer, warum sind Sie hier?

Der Vater muss die Geschichte lesen. Bei jedem Fehler schlägt der Lehrer den Vater.

Übung 1.1 Suchen Sie ein Bild aus und schreiben Sie, was Sie sehen. Was machen die Personen auf dem Bild?

____

____

____

____

____

____

Übung 1.2 Wie sieht der Vater aus?

Hat Vater einen großen Bauch?	Ja	Nein
Ist Vater kahl?	Ja	Nein
Hat Vater einen Vollbart?	Ja	Nein
Ist die Weste von Vater weiß?	Ja	Nein

Vater und Sohn
Ein Jahr später

Vater und Sohn
Ein Jahr später

Der Vater bringt seinen Sohn zu einem kleinen Baum und misst, wie groß der Sohn ist.

Der Vater schlägt einen Nagel als Markierung in den Baum.

Nach dem Herbst kommt der Winter und ein Jahr vergeht.

Der Vater fragt: „Sohn, wie kannst du kleiner werden."

Ein Jahr später

Der Vater bringt seinen Sohn zu einem kleinen Baum und misst, wie groß der Sohn ist.

Der Vater schlägt einen Nagel als Markierung in den Baum.

Nach dem Herbst kommt der Winter und ein Jahr vergeht.

Der Vater fragt: „Sohn, wie kannst du kleiner werden."

Übung 2.1 Suchen Sie ein Bild aus und schreiben Sie, was Sie sehen.

____

____

____

____

____

____

Übung 2.2 Trennen Sie die Wortschlangen, achten Sie auf Groß- und Kleinschreibung und bilden Sie Sätze.

1. DERVATERBRINGTSEINENSOHNZUEINEMKLEINENBAUM

____

2. ERMISSTDIEGRÖSSESEINESSOHNES

____

3. DERVATERSCHLÄGTEINENNAGELALSMARKIERUNGINDENBAUM

____

4. NACHDEMHERBSTKOMMTDERWINTERUNDEINJAHRVERGEHT

____

5. DERSOHNISTGRÖSSERGEWORDEN

____

Kamil in Deutschland

Übung 3.1 Lesen Sie den Text zuerst mit Silbenbögen und dann ohne.

Kamil in Deutschland

Kamil kommt aus Islamabad. Das ist die Hauptstadt von Pakistan. Er wohnt in Hamburg und macht einen Deutschkurs.

Er mag seinen Deutschkurs. Er geht morgens um neun Uhr zur Schule. Um 13 Uhr ist der Unterricht zu Ende. Im Kurs sind acht Schülerinnen und Schüler. Sie kommen aus verschiedenen Ländern. Es gibt Menschen aus Afghanistan, Albanien, Russland, Amerika und Japan.

Kamils Frau besucht auch einen Sprachkurs, aber an einer anderen Schule. Wenn Kamil den Sprachkurs beendet, möchte er in einem Restaurant arbeiten. Kamil und seine Frau machen 4 Monate einen Deutschkurs und dann gibt es eine Prüfung.

Kamil in Deutschland

Kamil kommt aus Islamabad. Das ist die Hauptstadt von Pakistan.

Er wohnt in Hamburg und macht einen Deutschkurs.

Er mag seinen Deutschkurs. Er geht morgens um neun Uhr zur Schule. Um 13 Uhr ist der Unterricht zu Ende. Im Kurs sind acht Schülerinnen und Schüler. Sie kommen aus verschiedenen Ländern. Es gibt Menschen aus Afghanistan, Albanien, Russland, Amerika und Japan.

Kamils Frau besucht auch einen Sprachkurs, aber an einer anderen Schule. Wenn Kamil den Sprachkurs beendet, möchte er in einem Restaurant arbeiten. Kamil und seine Frau machen 4 Monate einen Deutschkurs und dann gibt es eine Prüfung.

Übung 3.2 Haben Sie den Text verstanden?

1. Kamil kommt aus...
□ a) Kabul.
□ b) Islamabad.
□ c) London.
□ d) Hamburg.

2. Kamil ist...
□ a) verheiratet.
□ b) ledig.
□ c) Witwer.
□ d) geschieden.

3. Kamil lernt...
□ a) Deutsch.
□ b) Englisch.
□ c) Französisch.
□ d) Japanisch.

4. Was macht Kamils Frau?
□ a) Sie ist Hausfrau.
□ b) Sie arbeitet.
□ c) Sie lernt Deutsch.
□ d) Sie macht Urlaub.

5. Wo lebt Kamil?
□ a) In Albanien.
□ b) In Amerika.
□ c) In Islamabad.
□ d) In Hamburg.

6. Kamils Mitschüler kommen <u>nicht</u> aus
□ a) Amerika.
□ b) Schweden.
□ c) Japan.
□ d) Russland.

7. Muss Kamil eine Prüfung schreiben?
□ Ja   □ Nein

8. Wie lange dauert der Deutschkurs?
□ a) 8 Wochen
□ b) 6 Wochen
□ c) 4 Monate
□ d) 4 Wochen

9. Beginnt der Kurs um 13 Uhr?
□ Ja   □ Nein

10. Gehen Kamil und seine Frau an die gleiche Schule?
□ Ja   □ Nein

Übung 3.3 Ergänzen Sie die Sätze.

Kamil in ____________

Kamil kommt aus Islamabad. Das ist die _______________ von Pakistan. Er wohnt in Hamburg und _______ einen Deutschkurs.

Er mag seinen Deutschkurs. Er ______ morgens um neun Uhr zur Schule. Um 13 Uhr ist der _____________ zu Ende. Im Kurs sind ______ Schülerinnen und Schüler. Sie kommen aus _________________ Ländern. Es gibt Menschen aus Afghanistan, ____________ , Russland, Amerika und Japan.

_________ Frau besucht auch _______ Sprachkurs, aber an einer _________ Schule. Wenn Kamil den Sprachkurs _________ , möchte er in einem Restaurant ___________ . Kamil und seine Frau _________ 4 Monate einen Deutschkurs und ______ gibt es eine Prüfung.

Kamil in Berlin

Übung 4.1 Lesen Sie den Text zuerst mit Silbenbögen und dann ohne.

Kamil in Berlin

Kamil lebt in Hamburg. Seine Hobbys sind Reisen, Laufen und Deutschlernen. Diesen Sommer fährt er nach Berlin. Das ist die Hauptstadt von Deutschland.

In Berlin möchte er in ein bekanntes Kaufhaus gehen. Das ist das größte Kaufhaus in Deutschland und heißt KadeWe. In diesem Kaufhaus gibt es sehr viele Geschäfte. Im ersten Stockwerk kann man Herrenmoden sehen. Eine große Abteilung für Spielzeug kann man im Untergeschoss finden. Im Erdgeschoss gibt es die Information. Toiletten sind in jedem Stockwerk.

Kamil fährt mit seiner Frau nach Berlin. Seine Frau möchte die Abteilung für Schmuck und Damenmoden sehen. Kamil kauft seiner Frau eine Halskette als Geschenk.

Kamil in Berlin

Kamil lebt in Hamburg. Seine Hobbys sind Reisen, Laufen und Deutschlernen. Diesen Sommer fährt er nach Berlin. Das ist die Hauptstadt von Deutschland.

In Berlin möchte er in ein bekanntes Kaufhaus gehen. Das ist das größte Kaufhaus in Deutschland und heißt KadeWe. In diesem Kaufhaus gibt es sehr viele Geschäfte. Im ersten Stockwerk kann man Herrenmoden sehen. Eine große Abteilung für Spielzeug kann man im Untergeschoss finden. Im Erdgeschoss gibt es die Information. Toiletten sind in jedem Stockwerk.

Kamil fährt mit seiner Frau nach Berlin. Seine Frau möchte die Abteilung für Schmuck und Damenmoden sehen. Kamil kauft seiner Frau eine Halskette als Geschenk.

Übung 4.2 Haben Sie den Text verstanden?

1. Kamil fährt nach...
□ a) Hamburg.
□ b) Berlin.
□ c) London.
□ d) Paris.

2. Was ist <u>nicht</u> Kamils Hobby?
□ a) laufen.
□ b) reisen.
□ c) lernen.
□ d) kochen.

3. Kamil geht ins...
□ a) Kino.
□ b) KadeWe.
□ c) KdW.
□ d) Schwimmbad.

4. Wer reist mit Kamil?
□ a) Seine Frau.
□ b) Seine Schwester.
□ c) Sein Sohn
□ d) Seine Mutter.

5. Wo lebt Kamil?
□ a) In Berlin.
□ b) In Köln.
□ c) In Islamabad.
□ d) In Hamburg.

6. Was möchte seine Frau sehen?
□ a) Abteilung für Spielzeug.
□ b) Abteilung für Herrenmode.
□ c) Abteilung für Schmuck.
□ d) Abteilung für Geschenke.

7. In welchem Stockwerk ist die Abteilung für Herrenmode?
□ a) 1. Stock.
□ b) 2. Stock.
□ c) Erdgeschoss.
□ d) Untergeschoss.

8. Was ist im Untergeschoss?
□ a) Abteilung für Geschenke.
□ b) Abteilung für Herrenmode.
□ c) Abteilung für Schuhe.
□ d) Abteilung für Spielzeug.

Übung 4.3 Ergänzen Sie die Sätze.

Kamil in Berlin

__________ lebt in Hamburg. Seine Hobbys _______ Reisen, Laufen und Deutschlernen. Diesen __________ fährt er nach Berlin. Das ist die Hauptstadt von __________________ .

In Berlin möchte er in ein bekanntes Kaufhaus ________ . Das ist das größte Kaufhaus in Deutschland und heißt _________ . In diesem Kaufhaus gibt es sehr ________ Geschäfte. Im ersten Stockwerk kann man ________________ sehen. Eine große ______________ für Spielzeug kann man im Untergeschoss finden. Im ________________ gibt es die Information. Toiletten sind in ________ Stockwerk.

Kamil fährt mit seiner _______ nach Berlin. Seine Frau _________ die Abteilung für Schmuck und Damenmoden sehen. ________ kauft seiner Frau eine ______________ als Geschenk.

Fatima

Übung 5.1 Lesen Sie den Text zuerst mit Silbenbögen und dann ohne.

Fatima

Ich heiße Fatima. Ich komme aus Syrien. Ich bin verheiratet und habe zwei Kinder, einen Sohn und eine Tochter. Meine Tochter ist 3 Jahre alt und mein Sohn ist 7 Jahre alt. Mein Sohn heißt Hasan und meine Tochter heißt Maha. Mein Mann heißt Kazim.

Jetzt wohne ich in Hamburg. Ich lebe seit zwei Jahren in Deutschland. Unsere Wohnung hat drei Zimmer. Früher haben wir in einem Heim gewohnt. Das war nicht gut.

Fatima

Ich heiße Fatima. Ich komme aus Syrien. Ich bin verheiratet und habe zwei Kinder, einen Sohn und eine Tochter. Meine Tochter ist 3 Jahre alt und mein Sohn ist 7 Jahre alt. Mein Sohn heißt Hasan und meine Tochter heißt Maha. Mein Mann heißt Kazim.

Jetzt wohne ich in Hamburg. Ich lebe seit zwei Jahren in Deutschland. Unsere Wohnung hat drei Zimmer. Früher haben wir in einem Heim gewohnt. Das war nicht gut.

Übung 5.2 Schreiben Sie über sich:

Ich heiße _______________. Ich komme aus _______________. Ich

bin _______________ und habe _______________ Kinder. Mein Sohn

heißt _______________ und meine Tochter heißt _______________.

Mein Mann heißt _______________.

Jetzt wohne ich in _______________. Ich lebe seit in

_______________ Jahren in Deutschland. Unsere Wohnung hat

_______________ Zimmer.

Übung 5.3 Schreiben Sie mehr über sich:

____

____

____

____

____

____

____

Übung 5.4 Trennen Sie die Wortschlangen, achten Sie auf Groß- und Kleinschreibung und bilden Sie Sätze.

1. ICHHEIßEFATIMA

____

2. ICHKOMMEAUSSYRIEN

____

3. MEINSOHNHEIßTHASAN.

____

4. ICHWOHNEINBERLIN

____

5. WIRHABENINEINEMHEIMGEWOHNT

____

6. UNSEREWOHNUNGHATDREIZIMMER

____

7. MEINSOHNHEIßTKAZIM

____

8. ICHLEBENSEITZWEIJAHRENINDEUTSCHLAND.

____

9. MEINETOCHTERHEIßTMAHA

____

10. WIRHABENZWEIKINDER

____

Der Zirkus

Übung 6.1 Lesen Sie den Text zuerst mit Silbenbögen und dann ohne.

Der Zirkus

In der Stadt ist ein Zirkus. Tina möchte zum Zirkus und die Tiere sehen. Aber Tina ist zu klein und kann nicht alleine zum Zirkus gehen. Mutter und Vater haben keine Zeit. Opa hat Zeit. Opa geht mit Tina am Samstag zum Zirkus. Im Zirkus gibt es Hunde, Katzen, Ziegen und Esel. Ein Clown ist im Zirkus und alle Kinder lachen. Auch Opa muss lachen. Akrobaten tanzen auf einem Seil. Tina ist ganz aufgeregt.

Zum Schluss kauft Opa ein Eis. Das Eis schmeckt gut. Tina und Opa gehen nach Hause.

Der Zirkus

In der Stadt ist ein Zirkus. Tina möchte zum Zirkus und die Tiere sehen. Aber Tina ist zu klein und kann nicht alleine zum Zirkus gehen. Mutter und Vater haben keine Zeit. Opa hat Zeit. Opa geht mit Tina am Samstag zum Zirkus. Im Zirkus gibt es Hunde, Katzen, Ziegen und Esel. Ein Clown ist im Zirkus und alle Kinder lachen. Auch Opa muss lachen. Akrobaten tanzen auf einem Seil. Tina ist ganz aufgeregt.

Zum Schluss kauft Opa ein Eis. Das Eis schmeckt gut. Tina und Opa gehen nach Hause.

Übung 6.2 Haben Sie den Text verstanden?

1. Wer bringt Tina in den Zirkus?

□ a) Opa.

□ b) Vater.

□ c) Mutter.

□ d) Sie geht alleine.

2. Welche Tier gibt es <u>nicht</u> im Zirkus

□ a) Esel.

□ b) Ziege.

□ c) Hund.

□ d) Giraffe.

3. Kauft Opa Eis?

□ Ja   □ Nein

4. Tanzt Tina auf dem Seil.

□ Ja   □ Nein

Übung 6.3 Schreiben Sie den Text richtig.

Dre kuriZs

nl edr taSdt sti nie uirskZ. naiT tcmöhe mzu irkZsu udn dei rTeie neesh. rAeb Tain its uz kenli dun knan thicn neliela zmu Zuskri geehn. tteruM dnu reatV ebhna kneie teZi. Oap aht etZi. paO hetg itm ainT ma mtsSaag uzm Zrksui. ml Zkirus tgib se dnHeu, Kenatz, egienZ nud lesE. iEn nowCl sit mi Zruski ndu eall rneKdi lenhca. Achu apO ussm hcanel. rnboAtake nnatze uaf neemi lSie. aTni tis agnz etgfrauge.

mZu scslShu atufk Oap nei sEi. saD sEi mchkstec gtu. inTa dnu pOa nheeg nhca asuHe.

____

____

____

____

____

____

____

____

____

Die Schule

Übung 7.1 Lesen Sie den Text zuerst mit Silbenbögen und dann ohne.

Die Schule

Ali geht zum Deutschkurs und lernt das Alphabet und Deutsch. Heute hat er fünf neue Buchstaben gelernt. Er geht von Montag bis Freitag zur Schule. Jeden Tag muss er Silben lesen und Sätze schreiben. Er hat heute auch neue Wörter gelernt. Die Schule ist gut und der Lehrer ist nett. Der Lehrer spricht nur Deutsch. Ali kann schon eine Einkaufsliste schreiben. Er schreibt Tomate, Salat, Fleisch ,Gemüse und Honig. Die Schule macht Spaß und endlich kann Ali lesen und schreiben lernen. Er möchte gerne Deutsch lernen und mit seinen Nachbarn sprechen.

Die Schule

Ali geht zum Deutschkurs und lernt das Alphabet und Deutsch. Heute hat er fünf neue Buchstaben gelernt. Er geht von Montag bis Freitag zur Schule. Jeden Tag muss er Silben lesen und Sätze schreiben. Er hat heute auch neue Wörter gelernt. Die Schule ist gut und der Lehrer ist nett. Der Lehrer spricht nur Deutsch. Ali kann schon eine Einkaufsliste schreiben. Er schreibt Tomate, Salat, Fleisch ,Gemüse und Honig. Die Schule macht Spaß und endlich kann Ali lesen und schreiben lernen. Er möchte gerne Deutsch lernen und mit seinen Nachbarn sprechen.

Übung 7.2 Haben Sie den Text verstanden?

1. Wie oft geht Ali in die Schule? 2. Was hat Ali heute gelernt?

☐ a) Zweimal die Woche.   ☐ a) Dativ und Akkusativ.

☐ b) Jeden Tag.   ☐ b) Fünf Buchstaben.

☐ c) 5 Tage die Woche.   ☐ c) Den Buchstaben C.

☐ d) Drei Tage die Woche.   ☐ d) Grammatik.

3. Ali lernt <u>nicht</u> gerne Deutsch. 4. Der Lehrer spricht Afghanisch.

☐ Ja   ☐ Nein   ☐ Ja   ☐ Nein

Übung 7.3 Ergänzen Sie die Sätze.

Die Schule

Ali geht zum Deutschkurs und _________ das Alphabet und Deutsch. Heute hat er _______ neue Buchstaben gelernt. Er _______ von Montag bis Freitag zur Schule. _________ Tag muss er Silben lesen und _______ schreiben. Er hat heute auch _______ Wörter gelernt. Die Schule ist gut und der __________ ist nett. Der Lehrer ___________ nur Deutsch. Ali kann schon _______ Einkaufsliste schreiben. Er schreibt ___________ , Salat, Fleisch ,Gemüse und _________ . Die Schule macht Spaß und ___________ kann Ali lesen und schreiben __________ . Er möchte gerne Deutsch ___________ und mit seinen Nachbarn _____________ .

Übung 7.4 Schreiben Sie die Wörter richtig,

1. ö-c-t-e-h-m   Ali _______________ Deutsch lernen.

2. t-t-n-e   Der Lehrer ist _____________ .

3. e-h-t-g   Ali _______ von Montag bis Freitag zur Schule.

4. i-E-k-n-u-a-f   Ali kann ______________szettel schreiben.

5. p-r-e-c-e-h-n-s   Er möchte mit seinen Nachbarn _____________ .

Übung 7.5 Bringen Sie die Sätze in die richtige Reihenfolge und schreiben Sie den Text richtig.

Die Schule

Der Lehrer spricht nur Deutsch. Er hat heute auch neue Wörter gelernt. Er schreibt Tomate, Salat, Fleisch ,Gemüse und Honig. Jeden Tag muss er Silben lesen und Sätze schreiben. Ali geht zum Deutschkurs und lernt das Alphabet und Deutsch. Er geht von Montag bis Freitag zur Schule. Die Schule ist gut und der Lehrer ist nett. Er möchte gerne Deutsch lernen und mit seinen Nachbarn sprechen. Die Schule macht Spaß und endlich kann Ali lesen und schreiben lernen. Ali kann schon eine Einkaufsliste schreiben. Heute hat er fünf neue Buchstaben gelernt.

____

____

____

____

____

____

____

Übung 7.6 Schreiben Sie die Wörter richtig.

rerehL : _________________

ecutsDh : _________________

etomaT : _________________

scaeuthbB : _________________

fselnauitsiEk : _________________

Nbhacra : _________________

eelns : _________________

torW : _________________

hceesrbin : _________________

gnoHi : _________________

Olaf spielt Tennis

Übung 8.1 Lesen Sie den Text zuerst mit Silbenbögen und dann ohne.

Olaf spielt Tennis

Olaf wohnt in Neukölln. Olaf macht gerne Sport. Er spielt jeden Freitag und Sonntag Tennis im Sportverein in Kreuzberg. Er ist verheiratet und seine Frau heißt Tina. Seine Frau mag keinen Sport und geht nicht mit ihm in den Sportverein. Aber Olaf hat viele Freunde. Josef ist ein guter Freund und Josef spielt auch gerne Tennis. Josef und Olaf spielen jeden Sonntag zusammen Tennis. Katarina ist auch eine gute Freundin. Katarina spielt mit Olaf freitags Tennis. Aber sie hat nicht immer Zeit und spielt nur einmal im Monat mit Olaf Tennis. Wenn Olaf keinen Tennispartner hat, fragt er einfach im Sportverein seine Freunde. Er findet immer jemanden zum Spielen.

Olaf spielt Tennis

Olaf wohnt in Neukölln. Olaf macht gerne Sport. Er spielt jeden Freitag und Sonntag Tennis im Sportverein in Kreuzberg. Er ist verheiratet und seine Frau heißt Tina. Seine Frau mag keinen Sport und geht nicht mit ihm in den Sportverein. Aber Olaf hat viele Freunde. Josef ist ein guter Freund und Josef spielt auch gerne Tennis. Josef und Olaf spielen jeden Sonntag zusammen Tennis. Katarina ist auch eine gute Freundin. Katarina spielt mit Olaf freitags Tennis. Aber sie hat nicht immer Zeit und spielt nur einmal im Monat mit Olaf Tennis. Wenn Olaf keinen Tennispartner hat, fragt er einfach im Sportverein seine Freunde. Er findet immer jemanden zum Spielen.

Übung 8.2 Haben Sie den Text verstanden?

1. Olaf ist...
□ a) ledig.
□ b) verwitwet.
□ c) verheiratet.
□ d) geschieden.

2. Katarina spielt … mit Olaf Tennis.
□ a) jeden Freitag.
□ b) nie.
□ c) jeden Sonntag.
□ d) einmal im Monat.

3. Die Frau von Olaf mag Tennis.
□ Ja   □ Nein

4. Josef spielt <u>nicht</u> gerne Tennis.
□ Ja   □ Nein

5. Wann spielt Olaf Tennis?
□ a) Jeden Montag und Sonntag.
□ b) Einmal im Monat.
□ c) Jeden Freitag und Sonntag.
□ d) Freitags.

6. Der Sportverein von Olaf ist in ....
□ a) Kreuzberg.
□ b) Hamburg.
□ c) Sachsen.
□ d) Zehlendorf.

7. Spielt Olaf manchmal alleine?
□ Ja   □ Nein

8. Wo wohnt Olaf?
□ a) Kreuzberg.
□ b) Hamburg.
□ c) Sachsen.
□ d) Zehlendorf.

9. Wie heißt die Frau von Olaf?
□ a) Tina.
□ b) Katarina.
□ c) Berna.
□ d) Josef.

10. Ist Tina ledig?
□ Ja   □ Nein

Übung 8.3 Schreiben Sie die Wörter richtig.

1. p-i-s-e-l-e-n   Josef und Olaf ____________ Tennis.

2. r-e-f-i-t-g-a-s   Olaf spielt ____________ Tennis.

3. d-e-j-n-e   Josef spielt ____________ Sonntag Tennis.

4. e-r-v-e-r-i-a-e-t-t-h   Tina ist ____________ .

5. K-e-r-u-z-e-b-r-g   Der Sportverein ist in ____________ .

Übung 8.4 Ergänzen Sie die Sätze.

Olaf spielt Tennis

Olaf wohnt in Neukölln. Olaf _______ gerne Sport. Er spielt jeden _________ und Sonntag Tennis im Sportverein in Kreuzberg. Er ist _____________ und seine Frau heißt Tina. _______ Frau mag keinen Sport und geht ______ mit ihm in den Sportverein. Aber Olaf hat viele _________ . Josef ist ein guter Freund und Josef spielt _____ gerne Tennis. Josef und Olaf ________ jeden Sonntag zusammen Tennis. ___________ ist auch eine gute Freundin. ___________ spielt mit Olaf freitags Tennis. ______ sie hat nicht immer Zeit und spielt nur _________ im Monat mit Olaf Tennis. Wenn ______ keinen Tennispartner hat, fragt er einfach im Sportverein _______ Freunde. Er findet immer jemanden zum __________ .

Übung 8.5 Schreiben Sie die Wörter richtig.

NisTen : _________________

aFur : _________________

Sropt : _________________

udnreF : _________________

onSgtna : _________________

tMaon : _________________

eliespn : _________________

Ztie : _________________

neeiVr : _________________

tFraeig : _________________

Latifes erster Arbeitstag

Übung 9.1 Lesen Sie den Text zuerst mit Silbenbögen und dann ohne.

Latifes erster Arbeitstag

Latife ist Köchin von Beruf. Sie arbeitet 40 Stunden pro Woche in Nino´s Pizzeria und gestern war Latifes erster Arbeitstag. Bei der Arbeit hat sie viele Aufgaben. Sie hat Teig gemacht. Wenn jemand Pizza bestellt hat, hat sie den Pizzateig aufgerollt. Dann hat sie Tomatensoße und Käse auf den Teig verteilt. Sie hat Thunfisch und rote Zwiebeln auf den Teig verteilt und eine Pizza Tonno gemacht. Für eine Pizza Hawaii hat sie Schinken und Ananas auf den Teig verteilt. Dann hat sie die Pizza in den Ofen gelegt. Nach zehn Minuten war die Pizza fertig und der Pizzabote hat die Pizza geliefert.

Nach 8 Stunden hatte Latife endlich Feierabend und ist nach Hause gegangen.

Latifes erster Arbeitstag

Latife ist Köchin von Beruf. Sie arbeitet 40 Stunden pro Woche in Nino´s Pizzeria und gestern war Latifes erster Arbeitstag. Bei der Arbeit hat sie viele Aufgaben. Sie hat Teig gemacht. Wenn jemand Pizza bestellt hat, hat sie den Pizzateig aufgerollt. Dann hat sie Tomatensoße und Käse auf den Teig verteilt. Sie hat Thunfisch und rote Zwiebeln auf den Teig verteilt und eine Pizza Tonno gemacht. Für eine Pizza Hawaii hat sie Schinken und Ananas auf den Teig verteilt. Dann hat sie die Pizza in den Ofen gelegt. Nach zehn Minuten war die Pizza fertig und der Pizzabote hat die Pizza geliefert.

Nach 8 Stunden hatte Latife endlich Feierabend und ist nach Hause gegangen.

Übung 9.2 Haben Sie den Text verstanden?

1. Wann war Latifes erster Arbeitstag?
- ☐ a) Gestern.
- ☐ b) Heute.
- ☐ c) Montag.
- ☐ d) Mittwoch.

2. Wie viel Stunden arbeitet Latife in der Woche?
- ☐ a) 8 Stunden.
- ☐ b) Teilzeit.
- ☐ c) 40 Stunden.
- ☐ d) 36 Stunden.

3. Wo arbeitet Latife?
- ☐ a) In einem Supermarkt.
- ☐ b) In einer Pizzeria.
- ☐ c) Zu Hause.
- ☐ d) Bei Mc Donald´s.

4. Was ist auf einer Pizza Hawaii?
- ☐ a) Tomatensoße, Käse, Ananas.
- ☐ b) Tomatensoße, Käse, Thunfisch.
- ☐ c) Tomatensoße, Käse, Ananas, Schinken.
- ☐ d) Tomatensoße, Käse, Zwiebeln.

5. Was hat Latife gestern <u>nicht</u> gemacht?
- ☐ a) Teig.
- ☐ b) Pizza Tonno.
- ☐ c) Pizza Hawaii.
- ☐ d) Nudeln.

6. Wie heißt die Pizzeria?
- ☐ a) Nico´s Pizzeria.
- ☐ b) Da Nino´s Pizzeria.
- ☐ c) Nino´s Pizzeria.
- ☐ d) Alfonsos Pizzeria.

7. Was ist Latife von Beruf?
- ☐ a) Kellnerin.
- ☐ b) Pizzabotin.
- ☐ c) Köchin.
- ☐ d) Bäckerin.

8. Wie lange muss die Pizza backen?
- ☐ a) 10 Minuten.
- ☐ b) 8 Stunden.
- ☐ c) 40 Minuten.
- ☐ d) 20 Minuten.

Übung 9.3 Schreiben Sie die Wörter richtig.

1. b-e-t-i-t-e-r-a   Sie _____________ 40 Stunden pro

Woche.

2. T-h-u-f-n-i-c-h-s   Sie hat _____________ und rote Zwiebeln

auf den Teig verteilt

3. S-h-c-n-i-e-k-n   Auf einer Pizza Hawaii sind

_____________ und Ananas.

4. s-e-t-l-b-e-l-t   Jemand hat Pizza _____________.

5. i-e-f-e-l-t-r   Der Pizzabote _____________ die Pizza.

Übung 9.4 Schreiben Sie die Sätze im Präsens.

1. Latife hat 8 Stunden gearbeitet.

____

2. Sie hat Teig gemacht.

____

3. Latife ist nach Hause gegangen.

____

4. Sie hat die Pizza in den Ofen gelegt.

____

5. Olaf hat Pizza bestellt.

____

Übung 9.4 Ergänzen Sie die Sätze.

Latifes erster Arbeitstag

__________ ist Köchin von Beruf. Sie arbeitet 40 Stunden pro _______ in Nino´s Pizzeria und gestern war _________ erster Arbeitstag. Bei der Arbeit hat sie viele ___________ . Sie hat Teig gemacht. Wenn _________ Pizza bestellt hat, hat sie den Pizzateig aufgerollt. ______ hat sie Tomatensoße und Käse auf den Teig __________ . Sie hat Thunfisch und rote Zwiebeln auf den Teig __________ und eine Pizza Tonno _________ . Für eine Pizza Hawaii hat sie Schinken und _________ auf den Teig verteilt. Dann hat sie die Pizza in den ______ gelegt. Nach zehn _________ war die Pizza fertig und der Pizzabote hat die Pizza ___________ .

Nach 8 Stunden hatte _________ endlich Feierabend und ist nach Hause __________ .

Tom Sawyer und der Gartenzaun

Übung 10.1 Lesen Sie den Text zuerst mit Silbenbögen und dann ohne.

Tom Sawyer und der Gartenzaun

Tom Sawyer lebt bei seiner Tante Polly. Tante Polly hat ein großes Haus mit einem Garten. Um den Garten gibt es einen Zaun. Tom soll am Samstag den Zaun streichen, aber er hat keine Lust dazu, weil er lieber spielen gehen will. Tante Polly erlaubt Tom nicht zu spielen. Er muss den Zaun streichen.

Am Samstag ist ein tolles sonniges Wetter und Tom geht mit einem Eimer Farbe zu dem Zaun und beginnt gelangweilt, den Zaun zu streichen. Er schwitzt sehr, weil es heiß ist.

John ist ein Freund von Tom. John kommt und lacht Tom aus, weil er arbeiten muss und nicht spielen darf. Tom sagt, dass er den Zaun freiwillig streicht, weil es sehr viel Spaß macht. John möchte jetzt auch streichen, weil er denkt, dass es eine tolle Arbeit ist. Tom sagt, dass er nur malen darf, wenn er ihm Geld gibt. John bezahlt. Danach kommen immer mehr Kinder und bezahlen Tom, damit sie den Zaun streichen dürfen.

Tom ist nach ein paar Stunden der reichste Junge in der Stadt und der Zaun ist schnell fertig gestrichen.

Tom geht nach Hause und Tante Polly fragt, warum er so schnell fertig ist. Tom sagt, weil er so fleißig war.

Tom Sawyer und der Gartenzaun

Tom Sawyer lebt bei seiner Tante Polly. Tante Polly hat ein großes Haus mit einem Garten. Um den Garten gibt es einen Zaun. Tom soll am Samstag den Zaun streichen, aber er hat keine Lust dazu, weil er lieber spielen gehen will. Tante Polly erlaubt Tom nicht zu spielen. Er muss den Zaun streichen.

Am Samstag ist ein tolles sonniges Wetter und Tom geht mit einem Eimer Farbe zu dem Zaun und beginnt gelangweilt, den Zaun zu streichen. Er schwitzt sehr, weil es heiß ist.

John ist ein Freund von Tom. John kommt und lacht Tom aus, weil er arbeiten muss und nicht spielen darf. Tom sagt, dass er den Zaun freiwillig streicht, weil es sehr viel Spaß macht. John möchte jetzt auch streichen, weil er denkt, dass es eine tolle Arbeit ist.

Tom sagt, dass er nur malen darf, wenn er ihm Geld gibt. John bezahlt. Danach kommen immer mehr Kinder und bezahlen Tom, damit sie den Zaun streichen dürfen.

Tom ist nach ein paar Stunden der reichste Junge in der Stadt und der Zaun ist schnell fertig gestrichen.

Tom geht nach Hause und Tante Polly fragt, warum er so schnell fertig ist. Tom sagt, weil er so fleißig war.

Übung 10.2 Haben Sie die Geschichte verstanden?

1. Warum möchte Tom nicht den Zaun streichen?
□ a) Er Möchte lieber spielen.
□ b) Es ist zu warm.
□ c) Es ist zu kalt.

2. Wie ist das Wetter am Samstag?
□ a) Es ist bewölkt.
□ b) Die Sonne scheint.
□ c) Es regnet.

3. Wann muss Tom den Zaun streichen?
□ a) Am Montag.
□ b) Am Sonntag.
□ c) Am Samstag.

4. Welche Farbe ist in Toms Farbeimer?
□ a) Blau.
□ b) Weiß.
□ c) Grün.

5. Warum lacht John?
□ a) Tom muss arbeiten.
□ b) Tom kann spielen.
□ c) Er darf streichen.

6. Warum bezahlt John?
□ a) Damit er streichen darf.
□ b) Er kauft die Farbe.
□ c) Damit er mit Tom spielen darf.

7. Wohnt Tom bei seinen Eltern?
□ Ja   □ Nein

8. Wird Tom der ärmste Junge der Stadt?
□ Ja   □ Nein

9. Dauert es lange bis der Zaun fertig gestrichen ist?
□ Ja   □ Nein

10. War Tom fleißig?
□ Ja   □ Nein

Lösungen

Übung 1.2
Ja – Ja – Nein – Nein

Übung 2.2
1.Der Vater bringt seinen Sohn zu einem kleinen Baum.
2.Er misst die Größe seines Sohnes.
3.Der Vater schlägt einen Nagel als Markierung in den Baum.
4.Nach dem Herbst kommt der Winter und ein Jahr vergeht.
5.Der Sohn ist größer geworden.

Übung 3.2
1.b 2.a 3.a 4.c 5.d 6.b 7.Ja 8.c 9.Nein 10.Nein

Übung 3.2

Lösungswörter: machen • anderen • verschiedenen • einen • dann • Albanien • Deutschland •
Unterricht • acht • Kamils • arbeiten • beendet • Hauptstadt • geht • macht

Übung 4.2
1.b 2.d 3.b 4.a 5.d 6.c 7.a 8.d

Übung 4.3
Lösungswörter: viele • Kamil • Deutschland • Abteilung • möchte • Frau • gehen • sind •
KadeWe • Erdgeschoss • Halskette • jedem • Sommer • Kamil • Herrenmoden

Übung 5.4
1.Ich heiße Fatima.
2.Ich komme aus Syrien.
3.Mein Sohn heißt Hasan.
4.Ich wohne in Berlin.
5.Wir haben in einem Heim gewohnt.
6.Unsere Wohnung hat drei Zimmer.
7.Mein Sohn heißt Kazim.
8.Ich leben seit zwei Jahren in Deutschland.
9.Meine Tochter heißt Maha.
10.Wir haben zwei Kinder.
Übung 6.2
1.a 2.d 3.Ja 4.Nein

Übung 7.2
1.c 2.b 3.Nein 4.Nein

Übung 7.3
Lösungswörter: Honig • Jeden • spricht • Sätze • Tomate • fünf • lernen • Lehrer • endlich •
lernt • neue • sprechen • eine • geht • lernen

Übung 7.4
1.möchte 2.nett 3.geht 4.Einkauf- 5.sprechen

Übung 7.6
Lehrer • Deutsch • Tomate • Buchstabe • Einkaufsliste • Nachbar • lesen •
Wort • schreiben • Honig

Übung 8.2
1.c 2.d 3.Nein 4.Nein 5.c 6.a 7.Nein 8.d 9.a 10.Nein

Übung 8.3
1.spielen 2.freitags 3.jede 4.verheiratet 5.Kreuzberg

Übung 8.4
Lösungswörter: Olaf • Spielen • Freunde • seine • einmal • auch • nicht • Seine • Katarina •
Katarina • Freitag • Aber • macht • verheiratet • spielen

Übung 8.5
Tennis • Frau • Sport • Freund • Sonntag • Monat • spielen • Zeit • Verein • Freitag

Übung 9.2
1.a 2.c 3.b 4.c 5.c 6.c 7.c 8.a

Übung 9.2
1.arbeitet 2.Thunfisch 3.Schinken 4.bestellt 5.liefert

Übung 9.4
1.Latife arbeitet 8 Stunden. 2.Sie macht Teig. 3.Latife geht nach Hause. 4.Sie legt die Pizza
in den Ofen. 5.Olaf bestellt Pizza.

Übung 9.2
1.a 2.b 3.c 4.b 5.a 6.a 7.Nein 8.Nein 9.Nein 10.Nein

Übung 9.5
Lösungswörter: gemacht • Ananas • Latifes • verteilt • Woche • geliefert • gegangen • Ofen •
Aufgaben • Minuten • verteilt • Latife • Latife • Dann • jemand